大展好書　好書大展
品嘗好書　冠群可期

大展好書　好書大展
品嘗好書　冠群可期

武術健身叢書 6

林建華　創編

國家體育總局武術運動管理中心　審定

形意强身功

大展出版社有限公司

國家圖書館出版品預行編目資料

形意強身功／林建華　創編　國家體育總局武術運動管理中心　審定
——初版，——臺北市，大展，2013〔民102.04〕
面；21公分 ——（武術健身叢書；6）
ISBN　978－957－468－942－2（平裝）

1.武術　2.運動健康

528.97　　　　　　　　　　　　　　　　　　102002395

形意強身功

創 編 者／林 建 華
審　　定／國家體育總局武術運動管理中心
責任編輯／李 彩 玲
發 行 人／蔡 森 明
出 版 者／大展出版社有限公司
社　　址／台北市北投區（石牌）致遠一路2段12巷1號
電　　話／（02）28236031・28236033・28233123
傳　　眞／（02）28272069
郵政劃撥／01669551
網　　址／www.dah-jaan.com.tw
E－mail／service@dah-jaan.com.tw
登 記 證／局版臺業字第2171號
承 印 者／傳興印刷有限公司
裝　　訂／建鑫裝訂有限公司
排 版 者／弘益電腦排版有限公司
授 權 者／北京人民體育出版社
初版1刷／2013年（民102年）4月

定　價／200元

「武術健身方法」評審領導小組

組　長：王玉龍
副組長：楊戰旗　李小傑　郝懷木
成　員：樊　義　杜良智　陳惠良

「武術健身方法」評審委員會

主　任：康戈武
副主任：江百龍
委　員：虞定海　楊柏龍　郝懷木

「武術健身方法」創編者

《雙人太極球》于　海
《九式太極操》張旭光
《天罡拳十二式》馬志富
《形意強身功》林建華
《太極藤球功》劉德榮
《五形動法》王安平
《流星健身球》謝志奎
《龜鶴拳養生操》張鴻俊

序　言

為「全民健身與奧運同行」主題活動增光添彩

國家體育總局武術運動管理中心主任　王筱麟

　　當前，恰逢國家體育總局宣導在全國開展「全民健身與奧運同行」主題系列活動，喜迎 2008 年北京奧運會之機，《武術健身方法叢書》的面世具有特殊意義，可慶可賀。

　　這套叢書推出的龜鶴拳養生操、天罡拳十二式、太極藤球功、流星健身球、五形動法、九式太極操、雙人太極球、形意強身功八個武術健身方法，是國家體育總局武術運動管理中心依據國家體育總局體武字〔2002〕256 號《 關於在全國徵集武術健身方法的通知 》精神，成立了評審工作領導小組，同時聘請有關專家組成評審委員會，對廣泛徵集起來的申報材料，按照所選方法必須具備科學性、健身性、群眾性及觀賞性的原則，認認真真地評選出來的。

　　這中間嚴格按照「堅持優選、寧缺勿濫」的要求，經歷了粗篩、初評、面向社會展示、徵求意見、修改、完善、終審等多個階段的審核。現奉獻給社會的這八個武術健身方法，既飽含著原創編者們的辛勞，也凝結有相關專家、學者及許多觀眾的智慧。可以說，是有關領導和眾多名人志士的心血澆灌培育起來的八朵鮮花。

　　2004年10月，這八個方法首次在鄭州第1屆國際傳統武術節上亮相，初展其姿就贏得了與會62個國家和地區代表們的一致喝彩，紛紛稱讚說觀賞其表演是一種藝術享受。一些代表還建議將這些健身方法推廣到全國乃至世界各地。2005年8月8日，這八個方法還被國家體育總局授予「全國優秀全民健身項目一等獎」。

　　國際奧會批准武術這個項目在2008年北京奧運會期間舉行比賽，這是武術進軍奧運歷程中的一座極其重要的里程碑，是值得全世界武林同仁熱烈慶賀的盛事。

　　最近，國家體育總局劉鵬局長在全國群眾體育工作會議上的講話指出：「廣泛組織開展『全民健身與奧運同行』主題活動，可以最大限度地激發人民群眾參加健身的熱情，並使這種熱情與迎接奧運的激情緊密結合，形成在籌備奧運過程中體育健兒緊張備戰、

人民群眾積極熱身的良性互動局面。」對武術工作而言，我們在這一大好形勢下，一方面要紮紮實實做好國家武術代表隊的集訓工作，積極備戰，爭取「北京2008武術比賽」的優異成績，爲國爭光；另一方面要採取各種形式把全國億萬民眾吸引到武術健身的熱潮中，向世人展示作爲武術發源地的中國確實是武術泱泱大國的光輝形象。兩者相輔相成，相得益彰，共同爲武術走向世界、造福人類作貢獻。

我們隆重推出這八個武術健身方法，對於後者是可以大有裨益的。我們將配合出版發行相關書籍、音像製品等，舉辦教練員、裁判員、運動員培訓班，組織全國性乃至國際性的武術健身方法比賽等活動，努力爲「全民健身與奧運同行」主題系列活動增光添彩。

創編者簡介

林建華 男，1953年4月出生。福建漳州人。大學學歷，教授。現任廈門大學體育部主任、教育部直屬綜合性大學體協理事長、教育部全國高校體育教學指導委員會委員、中國武術協會裁判委員會委員、福建大學生體育協會秘書長、武術八段、國際級武術裁判。

1964年開始習武，1973年進入福建師大體育系，師從郭鳴華、胡金煥教授專修武術。1979年參加教育部在武漢體院舉辦的全國高校武術師資進修班，在著名武術教育家溫敬銘、劉玉華教授的指導下學習。之後，又得到著名武術家何福生、康紹遠、王景春等前輩的不吝賜教，在武德、武藝等方面受益良多。在幾十年的研武過程中，專攻形意拳、八卦掌。主要研究方向爲傳統養生、地方武術史。

長期在高校從事武術教育工作，多次應邀前往美國、日本、加拿大、印尼、菲律賓、卡達、香港、臺灣等國家和地區進行講學、武術裁判工作及交流。

　　曾擔任福建省武術比賽總裁判長、仲裁委員會主任，全國武術套路錦標賽裁判長、總裁判長。應國家體育總局武術運動管理中心和國際武聯的邀請，參與最新《武術套路競賽規則》《國際武術套路競賽規則》的修訂工作。多次爲「全國武術教練員培訓班」「全國武術裁判員培訓班」的教練、裁判講授武術競賽規則和裁判法。1985 年、2001 年兩次被國家體委、國家體育總局授予「全國優秀體育裁判員」榮譽稱號，2005 年再次被國家體育總局武術運動管理中心評爲「全國十佳武術裁判員」。

　　出版專著、編著、教材有：《形意拳——中國三大內家拳之一》（英文版）、《世界流行技擊術》《普通高等學校體育教程》《普通高等學校武術教程》《現代大學體育教程》《現代大學武術與健身教程》等。

目　錄

一、形意强身功簡介

　　形意拳是中國傳統武術百花園中的一枝奇葩，是注重鍛鍊人體「精、氣、神、形、意、勁」的內外兼修的一個優秀拳種，至今有三百多年的歷史。其內容豐富、風格獨特、系統完整、科學嚴謹。它不僅具有很強的實戰技擊價值，而且還有獨特的強身、健身、養生和修身的功能。

　　形意拳主要是由「形拳」和「意拳」兩部分組成。「形拳」指的是模仿龍、虎、猴、馬、鼉、雞、鷂、燕、蛇、鮐、鷹、熊十二種動物的特徵和技能所編成的形意十二形拳。

　　「意拳」指的是根據古代陰陽五行「金、木、水、火、土」相生相剋理論而編成的劈、崩、鑽、炮、橫五種拳法，即形意五行拳。

　　「形」爲運動之道而顯現於外，「意」爲養生之術而隱藏於內。形意拳「遠取諸物，近取諸身」「仿形會意」，要求內意和外形動作協調統一，做到內外合一、形意兼備。

形意強身功是在形意拳的基礎上經過總結和研究所創編的一套健身功法。它汲取了形意拳健身、養身和技擊的理論與實踐的精華，根據「形意十二形拳」中各種動物的特徵、形態和運動方法，仿形會意，精心創編。

例如：傳說中的「龍」能騰雲倒海，威力無窮，練習時取其意，仿其形，起落翻鑽，伸縮吞吐，主要練神；

「虎」有撲食跳澗之猛，呼嘯震山之威，取之於威力，主要練骨；

「猴」善攀躍縱跳，輕巧靈活，取其靈巧；

「馬」有疾蹄之功，更有衝撞之勇，取其勇猛；

「鼉」有浮水之技，更有翻江倒海之力，取其翻裹之勢；

「雞」有獨立之長，兼有食米之巧，抖翎之威，爭鬥之勇，取其彈抖之勁；

「鷂」有翻身之急，入林之疾，鑽天之技，取其擰轉翻鑽之勢；

「燕」有抄水之巧，飛騰之妙；

「蛇」有撥草之精，能自如屈伸纏繞，首尾相應，取其柔韌含展之形；

「鴙」有豎尾升空之能，落地搗物之力，取其

合擊之勢；

「鷹」擊長空，捉物準狠；「熊」有沉穩之態，又有抽肩調膀之勁，鷹熊競志，取法爲拳，陰陽相合，形意之源，取其起落伸縮之勢。

此外，形意強身功法在保持「形意十二形拳」的形意合一、形神兼備、剛柔相濟和各「形」特徵的基礎上，將動作簡化精煉，特點突出，化剛爲柔，變急爲緩，勢勢連綿，圓活自然，使之更加符合易學易練、運動全面、效果顯著的健身要求。

整套功法共十二式，具有動作舒展、對稱協調、柔緩勻速、優美別緻、風格突出、簡單易學的特點。其中每一式由2～4個動作組成，分左右式，各練習3～6遍。

鍛鍊時架勢可高可低，幅度可大可小，運動量適中，適合各個不同年齡層的人鍛鍊。長期鍛鍊，可以達到舒筋活血、安神益智、扶正祛邪、內壯外強、延年益壽的目的，對人體中樞神經系統、心血管系統、呼吸系統、運動系統、消化系統都有很高的鍛鍊價值。

形意強身功由廈門大學體育部林建華教授創編。2000年，作者應邀前往日本講學。行前，日本的學生提出爲他們傳授一套新的健身方法的要求，於是，促成了作者將所學三十多年的形意拳進行整

理，創編成此功法。

　功法編成後，先後在日本、美國以及廈門大學等高校傳授，得到了廣泛的好評。2002年，正值國家體育總局下發了「關於在全國徵集武術健身方法的通知」，便將功法的文字、拳照寄上。後經國家體育總局武術運動管理中心的專家評審，提出了許多寶貴意見。作者經過反覆地修改、實踐、再修改、再實踐，最後終於定稿付梓。

　2004年10月在鄭州首屆國際武術節上，由廈門大學武術隊演示了「形意強身功」，得到了國內外武術同行、專家的好評和國家有關部門的認可。2005年被國家體育總局評爲「全國優秀全民健身項目一等獎」，作爲優秀健身功法向全國推廣。

二、形意强身功的功法特點

（一）仿形會意，形神兼備

形意强身功主要是透過模仿動物（龍、虎、猴、馬、鼉、雞、鷂、燕、蛇、鮐、鷹、熊）的各種形態、技能和特長，仿其技，效其能，學其巧，習其功，悟其神，取其之長，補己之短，爲我所用，從而加强人體的各種素質和機能，提高健康水準。

例如：在練習「鷹熊競鬥」時，意想到空中的雄鷹正和林中黑熊競鬥，充分體現蒼鷹俯衝獵物時的敏銳和準確，以及黑熊渾厚有力、沉著穩健的特點，起落翻鑽，形與意合，眼與手合，氣與勁合，體現鷹熊競鬥之意境；

練習「猛虎出林」時，模仿老虎的威嚴氣勢和撲食的勇猛果斷，一抓一撲，一吞一吐，意與氣合，氣與力合，形神兼備；

又如練習「猿猴掛印」式時，著重模仿猿猴輕巧靈活、閃展伸縮的特點，手、眼、身、步輕靈敏捷，神專意注，體現出猿猴的靈氣和敏捷。

透過這些練習，可以使精、氣、神、形同時得到很好的鍛鍊，使人身輕步捷、身手矯健、精力充沛、身心愉悅，從而使人健康長壽。

整套功法充分體現了傳統的「性（精神）命（肉體）雙修」的養生思想，達到「形（拳架）神（心神）兼修」的目的。

（二）剛柔相濟，綿柔爲主

「剛」是相對於「柔」而言，指的是陽剛氣勢、充實之意，而絕非僵拙、緊張之力。

「柔」指的是舒鬆、輕緩和協調。外顯柔順而氣充於內，並不是鬆弛疲軟之態。

柔爲剛之本，剛爲柔之用。拳術之道，快慢相間，開合有序，進退得法，剛柔相濟。

這種剛柔、鬆緊互爲其根的運動方式，使內氣運行通暢、肌肉收縮有律，達到調整精神、塑造形體的目的。練習之後，人可感覺周身血液流通而不氣喘，身心愉悅，精神煥發。

「法貴柔緩」「運動有度」是中國傳統養生學

的重要法則。道家認為「上善若水」「柔弱勝剛強」「柔則生，剛則損」。所以，古代導引養生家都十分重視「柔」的養生作用。

「形意強身功」主張剛柔相濟，但以綿柔為主。這種綿柔的運動，要求練習者身體放鬆，精神內斂，意識集中，動作自然，以加強血液循環、經絡暢通，提高意識的控制能力，增進身心健康。

動作重意而不重力，強調以意領氣、以氣助勢、形神結合、一柔到底。透過這種心意慢運、肢體緩隨的綿柔運動，一能加強呼吸肌的鍛鍊，使之吸進更多的氧氣，促進了血液循環；

二能使全身的關節、韌帶、肌肉得到適度的鍛鍊，有利於提高肌肉韌帶的彈性和關節的靈活性；

三能使人的精神集中，意識專注於動作上，有效地改善了神經系統的功能。

（三）左右對稱，全面協調

形意強身功動作簡捷，每一式動作都是由左式和右式組成，其動作左右對稱、上下相隨、協調一致、平衡發展。通常每式左右各練習3遍，全套練習時間為10～12分鐘；也可每式左右各練習6遍，則全套練習時間為20～24分鐘。

左右式練習，不僅動作對稱、整齊美觀，而且
易於學習和鍛鍊，更重要的是通過左右肢體的協調
運動，從而使左右腦得到積極的鍛鍊。

人們知道，人的大腦有左右之分，各負責相對
獨立的區域並起不同的作用。大腦的左半部損傷，
可導致身體的右半邊癱瘓；相反，如果右半部受
傷，身體的左半邊也會受到影響。

形意强身功動作左右對稱，不僅使肢體全面協
調地鍛鍊，達到氣血貫通、強健有力的目的，同時
也對左右大腦起到均衡的鍛鍊作用，達到健腦益
智、增強記憶力的功效。全面協調是指每一式動作
從開始到結束，都要做到手到、步到、眼到、形
到、意到、勁到，並在時間和空間上、內意與外形
上協調統一，密切配合。

（四）固壯其內，強健其外

形意强身功重視對人體「內」的修煉。所謂的
「內」，包括精、氣、神、意等方面的內容。中國
醫學認爲，精、氣、神是人身的三寶。精滿則氣
充，氣充則神足，則生命之樹健康常在；反之則生
命隨之衰弱、凋謝。因此，人們特別需要內練
（養）精、氣、神。

透過對「內」的鍛鍊，使氣血、津液循行於十二經絡和奇經八脈，使人得到精津、血液、真氣的滋養，起到保精、固氣、完神、內壯外強的作用。

例如，在練習「猛虎出林」時，要注意做到叩齒扣指、含胸拔背、收胯斂臀，兩手回抓扣腳時吸氣，落步虎撲時呼氣，做到意、氣、勢完整合一；

練習「金蛇撥草」時，下蹲劈掌要儘量縮身含胸，同時緩緩呼氣，有如金蛇盤柳，開步擺掌要舒身展體，同時吸氣，如大蟒出洞；

練習「蒼龍出海」時，兩拳上鑽，重心儘量向上提起，並深深吸氣，猶如蒼龍出海，直上雲端，重心下落時屈膝下蹲，兩掌向下捋按，並緩緩呼氣，如龍入滄海。

久而久之，可以起到固其本、保其精、練其氣、養其神的作用，並能很好地調理五臟六腑的功能。

形意強身功主要模仿十二種動物的動作形態，內容和技法比較豐富，並且較多地運用了脊椎的旋轉動作。動作左右對稱，兩臂上下左右回環，有些動作還需要單腳獨立支撐，個別式子的重心起落幅度較大，這些都能使全身肌肉、關節、韌帶、骨骼得到全面的鍛鍊和發展。

全套練完後，都會有肌肉酸、脹的感覺，全身微微出汗，脈搏一般可達到110～130次／分。故能

有效地提高人體的力量、靈敏、反應、平衡、協調等身體素質，使形體更加強壯和健美，達到固壯其內、強健其外、內外兼修的目的。

（五）優美別緻，簡便易行

形意強身功動作舒展大方、優美別緻，不同的動作均有不同的審美特徵。

例如，第一式「推山入海」，動作沉實穩健，精、氣、神、形、意、勁合一，體現出「力拔山兮氣蓋世」的英姿與氣概；

「鷹熊競鬥」式，模仿鷹、熊爭鬥時的情景，上鑽下捉，饒有趣味；

「猛虎出林」式，體現出老虎撲食的果斷、猛烈和威嚴；

「野馬闖槽」式，表現出野馬奔騰、勇敢無畏的精神；

「鼉戲江水」式，模仿傳說中的「鼉」翻江戲水時靈敏活潑的情形；

「鷂子翻身」式，表現出鷂子束身、展翅、翻身的靈巧和兇猛等。

各式動作編排巧妙，形象逼真，特點突出，輕靈穩健恰到好處，充分體現出「形」的風采、

「健」的英姿和「神」的韻味。

形意強身功由十二個不同的式子組成。動作相對獨立，各式動作左右對稱，路線、方向清楚，簡便易行。掌握動作之後，可以單式、多式反覆練習，也可以進行全套連貫練習。

練習時，動作幅度可大可小，重心可高可低，運動量適中。因此，不同性別、不同年齡、不同職業、不同體質的人都可練習此功法。

從鍛鍊的場地和時間的角度來說，「臥牛之地」即可操練，室內、室外都可練習；練習者既可利用完整的時間，也可利用零星時間進行鍛鍊。

此外，練習者可根據自身的具體情況靈活調節每式動作的重心、幅度、強度和時間，安全可靠，簡便易行。

三、形意强身功的練習要領

（一）鬆靜自然

練習形意強身功，要自始至終遵循「鬆靜、自然」的原則。

所謂「鬆」，是指全身肌肉和精神的放鬆。形體、呼吸、意念輕鬆舒適，無緊張之感，以便做到以意領氣、以氣助勢、以勢助形。「鬆」不是軟，而是鬆而不懈、鬆而不散的自然舒展狀態。

「靜」，就是指排除雜念，使大腦處於相對安靜狀態。心緒平靜，有助於精神和形體的放鬆。能做到鬆靜，練功才能收到良好的效果。

「自然」，是指意念、形體、呼吸和動作都要做到自然而然。不緊張，不勉強，不造作，不憋氣，不強求。

鬆靜應以自然為法、以舒適為度，使中樞神經系統的調節功能處於最佳狀態，這種狀態不僅有利

於消除煩惱和緩解內心的壓力，還可改善內臟的功能，抑制耗氧過程，促進蓄能反應，起到養練結合的健身效果。

（二）意識集中

練習功法時需要意識集中，專心練習，把紛雜的思緒納入某種控制之中，進入似有似無的舒適、寧靜（神安體舒）的境界。

此時，各種刺激的感覺閾限提高，大大減少從外界傳入中樞的資訊，使思維活動減少到最低程度，而練功的意識卻處於高度清醒的狀態。

例如，在練習第一式「推山入海」時，意識先集中於「丹田」，馬步站穩，然後「丹田」發勁，蹬腿擰腰伸臂，想像著將身前的這座「大山」緩緩地推入海中。

此時，大腦皮質處於保護性抑制狀態，大大地減少了外界傳向中樞神經系統的資訊，也減少了雜念和干擾，使意識完全集中在動作練習上，提高動作的準確性、協調性以及練功效果。

同時，還可以消除大腦神經的緊張疲勞，頭腦清醒，情緒寧靜，調整、修復神經系統的平衡，增強機體的免疫力。意識集中還有助於用意不用力，

以意導氣，氣行則血行，從而達到疏通經絡、暢通
氣血、提高人體新陳代謝的能力。

（三）形意合一

練習形意強身功，要注意做到形意合一。

所謂「形」，是指身體的動作形態與姿勢。在
練習時要求頭正頸直，身體靈活，模仿和表現出各
種動物的動作、形態和靈性，手、眼、身、步配合
協調。所謂「意」，即意念、意識、意境。

練習功法時，不強調意守身體某個部位，而是
要求意識在先，意動形隨，形隨意走，形意結合。
根據每一個動作的含義，做出與之相適應的動作形
態，表達出各種動物的動作特徵和意境。做到「練
虎有虎威」「演猴似猴敏」。不僅做到形似，而且
還要做到神似，達到形、神兼修的目的。

（四）準確靈活

準確，主要是指練功時的姿勢與方法要正確，
合乎規格。在學習各式動作時，要瞭解和掌握動作
的路線、方位、虛實、用力方法等要領，做到動作
到位、姿勢工整、方法準確。

靈活，是指練習動作時不僵不滯、不斷勁、不停頓、不用拙力，而是手、眼、身、步、意、氣密切配合，上下兼顧，左右協調。不管動作是伸縮含展、起落開合，還是快慢剛柔，都要體現出輕巧、敏捷與靈活。

（五）循序漸進

練習形意強身功，需要經過由簡到繁、由易到難、循序漸進的鍛鍊過程。並且要經過三個階段，即塑形、調息、重意。

首先要重視「塑形」的階段。剛練時，先要掌握好每一式的基本動作、身體姿勢和形態，包括基本的手型、手法、步型、步法、身型、身法等。將每一式動作反覆操練、揣摩、體會，直到姿勢正確、動作規範、方法清楚、運動自然，爲練好功法打下良好的基礎。

調息，就是進行氣息的調整和鍛鍊。在掌握好每一式動作的要領之後，就要根據動作的要求及含義進行有意識的呼吸吐納，做到呼吸與動作緊密配合，以增強鍛鍊效果。

重意，就是鍛鍊到一定階段時，意識完全融入動作之中，做到心無旁騖，專心致志，心與意合，

意與氣合,氣與形合,達到內外合一、天人合一的境界。

另外,根據練習者的體質情況,在鍛鍊時可適當調整身體的重心。如果身體重心和姿勢高一些,動作的幅度小一些,運動量也會相對較小;而身體重心和姿勢低一些,動作幅度大一些,就可以增加運動強度。

同樣,開始練習時每一式動作左、右各練 3遍,待腿部力量及其他身體素質提高後,就可以增加至 6～9 遍。做到循序漸進,逐步提高運動負荷。

(六)持之以恒

由於練習者年齡、體質、健康狀況、身體條件的不同,對功法的理解、掌握以及在練法上都存在差異,其鍛鍊效果就不盡相同。

良好的鍛鍊功效是隨著練習時間和練習數量的積累而逐步獲得的,只有經過一段時間和數量的積累,動作才會逐漸熟練、準確、協調、連貫,對動作要領的體會才會不斷加深,才能逐漸運用意念引導動作,表現各種動物的特點和神韻。

正如拳經所云:「拳練千遍,身法自然;拳練萬遍,其理自現。」因此,練習者要有信心與恒

心，每天練習，堅持不懈，使鍛鍊成爲生活的一部分，形成良好的健康生活方式。

四、形意強身功的動作說明

（一）基本動作

1. 手　型

（1）拳

　　小指、無名指、中指、食指依次捲曲握緊，拇指壓在食指和中指第二指節上，形成螺旋拳。（圖1）

圖 1

圖 2

（2）掌

① 豎　掌

掌指朝上，五指自然舒張，拇指外展，食指上
挑，屈腕。（圖2）

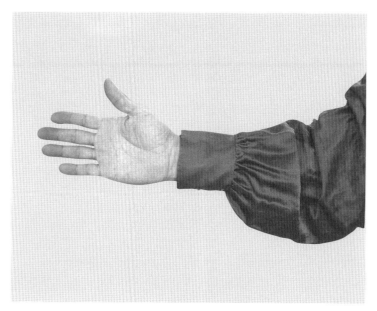

圖 3

② 橫　掌

手掌橫向，手指向左或向右，拇指外展，直
腕。（圖3）

圖 4

③ 倒　掌

手臂內旋，掌心朝外，掌指朝下，屈腕使掌根
外凸。（圖4）

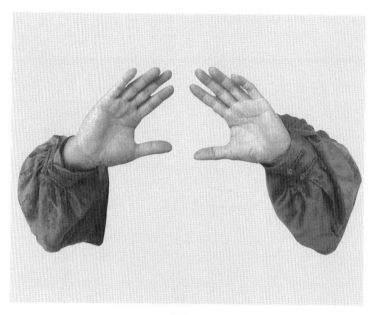

圖 5

④ 斜　掌

兩前臂稍內旋，手掌斜向前方，掌心朝外，拇指成一字型。（圖5）

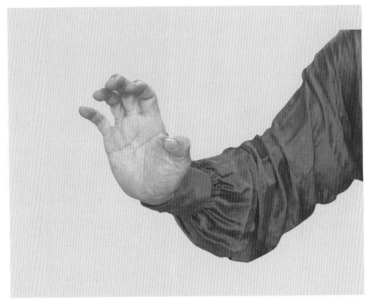

圖 6

（3）爪

五指分開，虎口撐圓，第一、二手指關節彎曲，塌腕。（圖6）

圖 7

2. 步　型

（1）馬　步

兩腳左右開立，約爲腳長的 3 倍，屈膝半蹲，大腿接近水平。（圖 7）

圖 8

（2）半馬步

　　兩腳左右開立，相距約爲腳長的3倍，屈膝半
蹲，大腿接近水準，左（右）腳腳尖外展，身體重
心略偏於右（左）腿。（圖8）

圖 9

（3）三體步

是形意拳三體式的典型步型。兩腳前後開立，相距約爲腳長的2倍，前腿稍屈，腳尖向前，後腿半蹲，腳尖外展約45°，重心偏於後腿，約前3後7或前4後6。（圖9）

圖 10

(4) 弓 步

　　兩腿前後開立，前腿屈膝半蹲，後腿挺膝伸
直，全腳掌著地。（圖10）

圖 11

（5）歇 步

兩腿交叉屈膝全蹲，右（前）腳全腳掌著地，腳尖外展，左（後）腳腳跟離地，臀部坐在左小腿上。（圖11）

圖 12

（6）點　步

　　一腿屈膝半蹲，另一腿收攏，以前腳掌點地。
（圖12）

（二）動作名稱

預　備　勢

第　一　式　推山入海

第　二　式　鷹熊競鬥

第　三　式　猛虎出林

第　四　式　野馬闖槽

第　五　式　鼉戲江水

第　六　式　猿猴掛印

第　七　式　駘撞金鐘

第　八　式　雛燕展翅

第　九　式　錦雞報曉

第　十　式　鷂子翻身

第十一式　金蛇撥草

第十二式　蒼龍出海

收　　勢

圖 1

（三）動作圖解

預備勢

① 併步立正；兩手垂於大腿外側；頭頸正直，下頦微收；目視前方。（圖1）

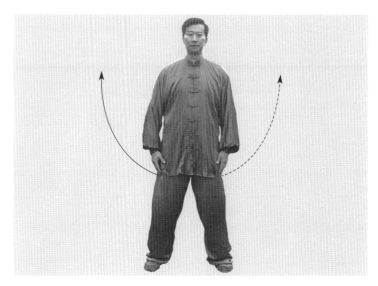

圖 2

② 左腳向左開立，略比肩寬；兩臂由體側緩緩上舉，高與肩齊，接著兩臂向內、向前合攏握拳，隨即兩拳向下按於腹前，拳面相對，拳心向下；目視前方。（圖2—圖5）

【要點】

身體舒鬆，呼吸自然，意識集中。

圖 3

圖 4

圖 5

圖 6

第一式　推山入海

左　式

① 兩腿屈膝下蹲；兩拳上提抱握於腰間，拳心向上；目視前方。（圖6）

圖 7

② 緊接著身體左轉，重心移至右腿，左腳向左
前方邁出半步成三體步；同時，兩拳經腹、胸變掌
內旋緩緩向前推出，左掌在前，右掌在後，掌心斜
向前，手臂微屈；目視手掌前方。（圖7）

③ 上體略向右轉；兩臂外旋，兩肘貼著肋部緩
緩收回腹前，眼隨手動；然後蹬腿擰腰，雙掌經胸
前內旋緩緩向前推出，左掌在前，右掌在後，手臂
微屈，掌心斜向前；目視手掌前方。（圖8、圖9）

圖 8

圖 9

圖 10

圖 11

　　連續做3遍後，左腳內扣，右腳外擺，身體轉
向右後方；同時，重心移至左腿成三體步，兩掌隨
轉體向右平擺。（圖10、圖11）

右　式

　　動作同左式，唯左右相反。（圖12、圖13）

圖 12

圖 13

圖 14

收　勢

連續做3遍後，兩臂隨身體左轉平擺至正前方；右腳內收半步，兩掌緩緩下按落至體側。（圖14、圖15）

圖 15

【要點】

兩掌收回時手臂要貼腰，配合吸氣；推掌時想像著力由腳跟而發，透過蹬腿撐腰達於手掌，同時呼氣。此時，上體與後腿呈斜形，動作要柔和連貫、舒鬆自然。左右式各做3～6遍。

【作用】

凝聚精神，調整氣息，固本培元，增強腰、腿、肩、臂的力量。

圖 16

圖 17

第二式　鷹熊競鬥

熊形左式

　　兩腿屈膝下蹲，兩手抱拳於腰間；隨後身體右轉，重心移至左腿，右腳尖外展成三體步；左拳經腹、胸向口前上方鑽出，肘部彎曲，前臂外旋，拳眼向外；目視左拳上方。（圖16、圖17）

圖 18

圖 19

鷹形右式

身體左轉，重心移至右腿；右腳尖內扣，左腳尖外展；同時，右拳貼著腹、胸經左前臂內側向上伸出，左拳內旋收回至右肘內側，兩拳變掌向下捋按，左掌收至左腰側，右掌按至體前方；目視右掌前方。（圖18、圖19）

圖 20

圖 21

熊形右式

兩掌變拳，右拳經腹、胸向口前上方鑽出，肘部彎曲，前臂外旋，拳眼向外；目視右拳上方。（圖20、圖21）

圖 22

圖 23

鷹形左式

與鷹形右式動作相同，唯左右相反。（圖22、圖23）

圖 24

收　勢

連續做 3 遍後，兩臂隨身體左轉平擺至正前方；右腳內收半步，兩掌緩緩下按落至體側。（圖24、圖25）

圖 25

【要點】

做熊形時須撐腰轉體，順肩旋臂上鑽；做鷹形時手掌要坐腕扣指；步型轉換應與手法協調一致，眼隨手動。

【作用】

能使陰陽二氣相接，氣血通暢，精力充沛，目光敏銳，手腳靈活。

圖 26

圖 27

第三式　猛虎出林

左　式

　　① 兩腿屈膝下蹲，兩手抱拳於腰間；隨後身體左轉，重心移至右腿，左腳向左側邁出半步成三體步；同時，兩拳經腹、胸、口向前上方鑽出，然後變掌向前撲按，兩臂成弧形，兩掌心斜向前；目視手掌前方。（圖26、圖27）

圖 28

圖 29

② 兩掌變拳抓握收至腰間，重心移至右腳，左腳收扣於右膝窩處，隨後左腳向左前方落步；同時，兩拳經腹、胸、口向前上方鑽出，然後立刻變掌向前撲按，兩臂成弧形，兩掌心斜向前；目視左前方。（圖28－圖30）。

圖 30

　　左式結束後，身體向右後方轉，左腳尖內扣，
右腳尖外展，重心移至左腿；同時，兩掌隨轉體擺
至右前方。（圖31）

右　式

　　動作同左式，唯左右相反。（圖32—圖34）。

圖 31　　　　　　　　　圖 32

圖 33　　　　　　　　　圖 34

圖 35

收　勢

連續做 3 遍後，兩臂隨身體左轉平擺至正前方；右腳內收半步，兩掌緩緩下按落至體側。（圖35、圖36）

【要點】

兩手回抓與前撲的路線要呈弧形；回抓與收腳扣膝要一致，口要閉，齒要叩，臀要斂，同時吸氣；落步與按掌時吐氣，動作要上下協調，完整一致。

圖 36

【作用】

虎形練骨，久練可通督任，壯腰腎，充耳目，健腦髓，調和心腎，身堅體壯。

第四式　野馬闖槽

左　式

① 兩腿屈膝下蹲，兩手抱拳於腰間；隨後身體左轉，左腳向左側邁出半步，重心移至右腿成三體步；同時，兩拳提至胸前向前撞出，左拳在前，右

圖 37

圖 38

拳附於左肘內側，手臂彎曲；目視左前方。（圖
37、圖38）

　②兩拳變掌，向下、向內弧形抓握拳至腹前，
然後再向左前方撞出，左拳在前，右拳附於左肘內
側，手臂彎曲，拳心向下；同時，重心左移至左腿
獨立，右腿在身後提起屈膝勾腳；目視左前方。
（圖39、圖40）

圖 39

圖 40

圖 41

右　式

①左式結束後，右腳下落，兩拳收回經腹前至腰間，左腳尖內扣，身體右轉，重心移至左腿，右腳向右側邁半步成三體步；同時，兩拳向右前方撞出，右拳在前，左拳附於右肘內側，手臂彎曲，拳心向下；目視右前方。（圖41－圖43）

圖 42

圖 43

圖 44

② 兩拳變掌向下、向內弧形抓握拳回收至腰間，然後再向右前方撞出，右拳在前，左拳附於右肘內側，手臂彎曲，拳心向下；同時，重心前移至右腿獨立，左腿在身後提起屈膝勾腳；目視右前方。（圖44、圖45）

③ 右腳在身後落步成三體步；同時，兩拳收回腰間，再向右前方撞出，右拳在前，左拳在後，拳心向下；目視右前方。（圖46、圖47）

圖 45

圖 46

圖 47

圖 48

收　勢

連續做 3 遍後，兩臂隨身體左轉平擺至正前方；右腳內收半步，兩掌緩緩下按落至體側。（圖48、圖49）

圖 49

【要點】

　　兩手回抓時兩前臂要緊貼著腰，要撐腰坐胯，同時吸氣；兩拳撞出時要保持一前一後，肘部彎曲，同時呼氣；後提腿與雙撞拳要同時一致，上體前傾，保持平衡。

【作用】

　　能促進氣血通暢，丹田氣足，五臟調和，有效提高下肢力量和平衡能力。

圖 50

圖 51

第五式　黿戲江水

左　式

① 兩腿屈膝下蹲；兩掌從體側提至腹前，左掌在上，右掌在下，兩掌掌心向上；身體左轉，左腳向左前方邁半步成三體步；同時，左掌向上經胸、口向前翻裹，掌心向外，拇指向下，高與肩平；目視左掌。（圖50、圖51）

圖 52

② 重心前移至左腳，右腳收貼於左膝膕窩；同時，左掌經前向下翻裹至腹前，掌心向上；右掌經胸、口向前翻裹，掌心向外，拇指向下，高與肩平；目視右掌。（圖52）

圖 53

③ 右腳向後退步，左腳隨即收貼於右膝膕窩；
同時，右掌經前向下翻裹至腹前，掌心向上；左掌
經胸、口向前翻裹，掌心向外，拇指向下，高與肩
平；目視左掌。（圖53）

④ 動作同②。（圖54）

左式結束時，身體右轉，右掌隨轉體擺至右前
方，右腳向右前方邁半步成三體步。（圖55）

圖 54

圖 55

圖 56

右 式

動作同左式，唯左右相反。（圖56—圖58）

圖 57

圖 58

圖 59

收　勢

　　左腳向身後落步，兩臂隨身體左轉平擺至正前方；右腳內收半步，兩掌緩緩下按落至體側。（圖59、圖60）

圖 60

【要點】

以腰部擰轉來帶動四肢動作，兩掌上下弧形翻裏，意在掌外沿。手、眼、身、步與呼吸協調。

【作用】

強腎壯腰，舒肝、順氣、消食。久練可使人耳聰目明、體態輕靈、精神振奮。

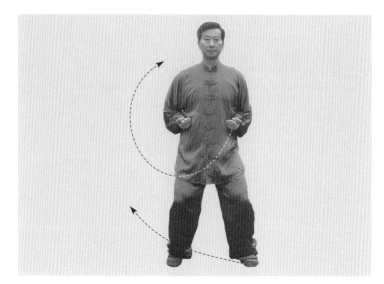

圖 61

第六式　猿猴掛印

左　式

① 兩腿屈膝下蹲，兩手抱拳於腰間；重心移至右腿，身體右轉，左腿屈膝向右前上方提起；同時，左拳變掌向下、向右、向上弧形抄起，掌心向外，眼隨手動；然後身體左轉，左腳向左繞步落地成左弓步，左掌隨身體轉動向左劃弧撥掌；目視左前方。（圖61－圖63）

圖 62

圖 63

圖 64

② 重心右移至右腿,右腿屈膝半蹲,左腳收至右腳內側,前腳掌點地成點步;同時,左掌內旋收回至兩膝前,掌心向下;右拳變掌擺至左肩前,掌心向外;目視左前方。(圖64)

③ 左腳向左前方邁出成左弓步;同時,右掌向前、向下弧形按壓於腹前,左掌由下經腹、胸向左前伸探。(圖65)

④ 緊接著右掌向左前伸探,左掌收按於腹前;目視左前方。(圖66)

圖 65

圖 66

圖 67

右 式

　　① 身體右轉，重心移至右腿成右弓步，右掌隨轉體擺至右前方；緊接著身體左轉，重心移至左腿，右腿屈膝向左前方提起；同時，右掌向下、向左、向上弧形抄起至左肩前，掌心向外；目視正前方。（圖67—圖69）

圖 68

圖 69

圖 70

② 身體右轉，右腳向右繞步落地成右弓步，右掌隨身體轉動向右前劃弧撥掌；目視右前方。（圖70）

③④⑤ 動作同左式②③④動作，唯左右相反。（圖71—圖73）

圖 71

圖 72

圖 73

收　勢

　　左右式連續做3遍後，兩臂隨身體左轉平擺至
正前方；右腳內收半步，兩掌緩緩下按落至體側。
（圖74、圖75）

【要點】

　　繞步、抄掌、外撥掌須協調一致，轉身要到
位，動作要輕靈、活潑、敏捷，眼隨手動。

【作用】

　　猴形主練「一氣之伸縮」，能通氣血、活關
節、增靈敏，使身手矯健，耳聰目明。

圖 74

圖 75

圖 76   圖 77

第七式　鮐撞金鐘

左　式

① 兩腿屈膝下蹲，兩手抱拳於腰間；身體左轉，左腳向左邁半步成三體步；同時，兩掌左上右下向左前方交叉伸出；眼看左前方。緊接著重心後移至右腿，左腿屈膝，左腳收扣於右膝膕窩；同時，兩掌交叉向頭上方架起，然後向左右兩側分開，再向下劃弧變拳收於腰間；目視右側方。（圖76—圖79）

圖 78

圖 79

圖 80

② 左腳向左前落步成三體步；同時，兩拳向左前打出，兩臂彎曲，拳心向上，兩拳相距約 10 公分；目視左前方。（圖 80）

圖 81

　　左式結束後，身體向右後轉，重心移至左腿成
三體步；兩拳隨轉體向右橫擺；目視右前方。（圖
81）

圖 82

右　式

　　動作同左式，兩拳變掌右上左下交叉，唯左右相反。（圖82—圖85）

圖 83

圖 84

圖 85

圖 86　　　　　　　圖 87

收　勢

連續做 3 遍後，兩臂隨身體左轉平擺至正前方；右腳內收半步，兩掌緩緩下按落至體側。（圖86、圖87）

【要點】

兩臂繞環幅度不宜過大，扣膝抱拳與落步撞拳要整齊一致；兩臂繞環時吸氣，落步撞拳時吐氣，做到勢整氣順，眼隨手動。

【作用】

能強腎固本，養精益肝，潤丹田，增力氣，利

圖 88　　　　　　　　圖 89

關節。

第八式　雛燕展翅

左　式

① 兩腿屈膝下蹲，兩手抱拳於腰間；身體左轉，左腳向左前邁半步成三體步；同時，左掌由下向左前上方撩出，再向內按掌，右掌向前撩出，掌心向前上方，左掌按於右前臂處；眼視右掌。（圖88、圖89）

圖 90

② 兩掌同時變拳，左上右下交叉向頭前方上架；重心後移至右腿，左腳收扣於右膝膕窩；同時，兩拳經上向左右兩側分開下劈，高與肩平；目視右拳。（圖90、圖91）

③ 右拳收回腰間，左腳向左前落步成三體步；同時，右拳經腰間向前打出，左拳變掌按於右前臂內側；目視左前方。（圖92、圖93）

圖 91

圖 92

圖 93

圖 94

　　左式結束後，身體右轉約 180°，重心移至左腿成三體步；同時，左掌隨轉體向上、向下、向前劃弧撩出，右拳變掌按於左前臂內側。（圖 94—圖96）

圖 95

圖 96

圖 97

右　式

動作同左式②③，唯左右相反。（圖97—圖100）

圖 98

圖 99

圖 100

圖 101

收 勢

連續做 3 遍後，兩臂隨身體左轉平擺至正前
方；右腳內收半步，兩掌緩緩下按落至體側。（圖
101、圖102）

圖 102

【要點】

　　練習時要輕巧、敏捷。腰要鬆，肩要活，扣膝與劈拳、落步與打拳都要協調一致。

【作用】

　　內可使心火下降，腎水上升，心腎相交，五臟調和；外可強腰腿，利關節，使人身輕體健。

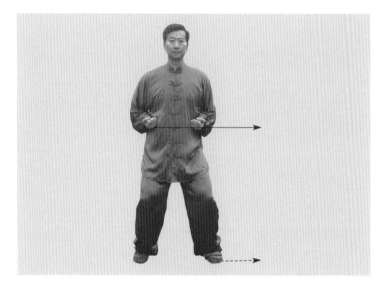

圖 103

第九式　錦雞報曉

左　式

① 兩腿屈膝下蹲，兩手抱拳於腰間；身體左轉，左腳向左前方邁出半步，屈膝半蹲，右腿蹬直成左弓步；同時，右拳從腰間向前打出，肘部彎曲，拳眼向上；目視左前方。（圖103、圖104）

② 上體右轉，兩腳碾轉成馬步；同時，右拳變掌向右上撐架於頭右上方，肘部彎曲，掌心向前；左拳變掌，從腰間向左外撐出，掌心向斜下方；目視左前方。（圖105）

圖 104

圖 105

圖 106

③ 重心移至左腿，右腳收至左腳內側成點步；
同時，右掌由上向下劈至兩膝前，掌心向外；左掌
由下向上挑收於右肩前，掌心向右；目視右前方。
（圖106）

圖 107

④身體右轉，右腳向右邁步成三體步；同時，右掌由下向上挑起，手臂微屈，拇指向上，與肩同高；左掌弧形向下按於左髖旁；目視右前方。（圖107）

圖 108

右　式

①上體微右轉，重心前移；右腿屈膝半蹲，左腿蹬直成右弓步；同時，右掌收回腰間，左掌變拳從腰間向前打出，肘部彎曲，拳眼向上。（圖108）

②③④ 動作同左式，唯左右相反。（圖109—圖111）

圖 109

圖 110　　　　　圖 111

圖 112

收　勢

連續做 3 遍後，兩臂隨身體右轉平擺至正前方；右腳內收半步，兩掌緩緩下按落至體側。（圖112、圖113）

圖 113

【要點】

上架與下撐、收腳與劈掌、上步與挑掌要協調一致，上下相隨，以腰帶動上下肢動作。

【作用】

雞形主練「一氣之收縱」，能養真氣，潤脾胃，盈五臟，利關節，壯腰健腿。

圖 114

第十式　鷂子翻身

左　式

①　兩掌變拳抱於腰間，左拳向左側平沖，拳心向下；目視左拳。（圖114、圖115）

②　身體左轉，右腳後退半步，左腿彎曲成左弓步；同時，右拳向左肘下方伸穿，左臂外旋，左拳心向上；目視左前方。（圖116）

圖 115

圖 116

圖 117

③身體向右後方擰轉，左腿蹬直，右腿彎曲成
右弓步；同時，右臂屈肘隨轉體向右翻轉撐架於頭
右上方，左拳內旋貼肋向左下穿於大腿外側；目視
左前方。（圖117）

圖 118

④ 身體隨之左轉，重心稍左移成半馬步；同時，左拳繼續下穿至膝關節時猛然向上翻挑，肘部彎曲，拳眼向上，右拳收於腰間；目視左前方。（圖118）

圖 119

左式結束後，右腳收回成開步站立；同時，左
拳收回腰間；目視前方。（圖119）

右　式

動作同左式，唯左右相反。（圖120—圖123）

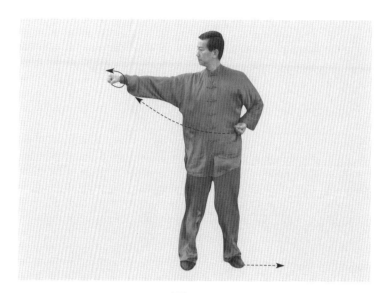

圖 120

圖 121

圖 122

圖 123

圖 124

收　勢

連續做 3 遍後，兩臂隨身體左轉平擺至正前方；右腳內收半步，兩掌緩緩下按落至體側。（圖124、圖125）

【要點】

兩臂翻裹時要有上下對拉的力量，穿拳要貼身，腰部擰轉要順暢，翻挑與步型變化要一致。

圖 125

【作用】

鷂形主要練翻、撑，對於腰、肩以及腿部肌肉力量均有很好的鍛鍊作用。長期練習，能強腰健腎，舒筋堅骨，四肢靈活，精神振奮。

圖 126

第十一式　金蛇撥草

左　式

① 兩臂前舉，掌心相對；目視前方。（圖
126）

圖 127

圖 128

②上體微右轉，重心移至右腿，屈膝半蹲，左
腳收至右腳旁成點步；同時，左掌稍向外劃弧再從
上向右下方斜砍，右掌向上擺起停於左肩前；含胸
收腹，團背；目視左掌。（圖127、圖128）

圖 129

③ 左腳向左橫開一大步，重心緩緩移向左腿，右腿蹬直，左腿彎曲成左弓步；同時，左臂隨身體左轉向左前上方擺動，掌心向上，右掌向右下方撐按，掌心向下；目視左掌。（圖129）

圖 130

右 式

動作同左式②③，唯左右相反。（圖 130—圖 132）

圖 131

圖 132

圖 133

收　勢

　　連續做 3 遍後，兩臂隨身體左轉平擺至正前方；右腳內收半步，兩掌緩緩下按落至體側。（圖133、圖134）

圖 134

【要點】

動作要柔緩，收腳與砍掌協調一致，要含胸圓
背，同時呼氣。蹬腿與撐腰分掌須連貫、圓活、舒
展，重心移動平穩，以腰帶動手臂，同時吸氣，眼
隨手動。

【作用】

蛇形以練氣，能養肺固腎，使人體柔韌伸屈，
身手靈活。

圖 135　　　　　　　　圖 136

第十二式　蒼龍出海

左　式

　　① 兩手握拳，左、右拳依次經腹、胸、口向頭上方緩緩鑽出，兩拳在最高處變掌，掌心均向外，右掌在上，左掌在下；同時，兩腳腳跟提起；目視右掌。（圖135、圖136）

圖 137

② 身體左轉，左腳尖外擺，兩腿緩緩下蹲成歇步；同時，兩掌由上向左下捋按，左掌收至左腰間，右掌按於體前；目視右掌。（圖137、圖138、圖138附圖）

圖 138

圖 138 附 圖

圖 139   圖 140

右　式

①以兩腳前腳掌為軸，身體右轉向正前方，兩腿緩緩站立；同時，兩掌變拳收至腰間，再從腰間經腰、胸、口依次向上緩緩鑽出，兩拳在最高處變掌，掌心均向外，左掌在上，右掌在下；兩腳腳跟提起；目視左掌。（圖139、圖140）

圖 141

②動作同左式②，唯左右相反。（圖141、圖
142、圖142附圖）

圖 142

圖 142 附圖

圖 143

收 勢

連續做3遍後,兩臂隨身體左轉平擺至正前方;右腳內收半步,兩掌緩緩下按落至體側。(圖143、圖144)

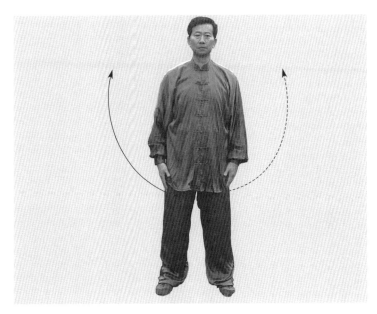

圖 144

【要點】

動作柔和，兩拳上鑽時兩腳腳跟儘量提起，兩臂儘量向上伸展；歇步下蹲與兩掌下按協調一致。動作上升時吸氣，下降時呼氣。

【作用】

龍形練神，有「力起源泉，通督通任，心火下降，腎水上升」之功效，心腎相交，潤氣寧神，內可清虛，外可健體，關節靈活，全身輕鬆。

圖 145

收　勢

　　① 身體自然站立；兩臂由體側緩緩上舉，高與肩齊，然後向內、向前合攏握拳，隨即向下按於腹前，拳面相對，拳心向下；目視前方。（圖145—圖147）

圖 146

圖 147

圖 148

圖 149

　　② 兩拳變掌，輕貼於兩腿外側；隨後左腳收回，併步站立；目視前方。（圖148、圖149）

主要參考文獻

1. 李劍秋‧形意拳術〔M〕‧太原：山西科學技術出版社，2001‧

2. 劉殿琛‧形意拳術抉微〔M〕‧北京：中國書店，1984‧

3. 李天驥，李德印‧形意拳術〔M〕‧北京：人民體育出版社，1981‧

4. 曹志清‧形意拳理論研究〔M〕‧北京：人民體育出版社，1988‧

5. 苗樹林.形意拳圖解〔M〕‧太原：山西科學技術出版社，2001‧

6. 吳殿科‧形意拳術大全〔M〕‧山西：山西人民出版社，1993‧

7. 雷嘯天‧形意拳十二形〔M〕‧香港：陳湘記書局‧

8. 康戈武‧中國武術實用大全〔M〕‧北京：今日中國出版社，1990‧

9. 江金石‧形意拳入門〔M〕‧台南‧大坤書

局，民國七十五年（1986年）。

10. 林建華·普通高等學校武術教程〔M〕·廈門：廈門大學出版社，1998。

11. 劉仲宇，等·道家養身術〔M〕·上海：復旦大學出版社，1992。

12. 國家體育總局健身氣功管理中心·八段錦〔M〕·北京：人民體育出版社，2003。

13. 國家體育總局健身氣功管理中心·易筋經〔M〕·北京：人民體育出版社，2003。

14. 鄧鐵濤，等·八段錦〔M〕·廣州：廣東科技出版社，2004。

15. 陳耀庭，等·道家養生術〔M〕·上海：復旦大學出版社，1992。

16. 趙寶峰，等·中國氣功學概論〔M〕·北京：人民體育出版社，1987。

17. 田麥久，等·東方健身術論集〔M〕·北京：北京體育大學出版社，1998。

18. 張廣德·導引養生功標準教程〔M〕·北京：北京體育大學出版社，2002。

19. 周稔豐·氣功導引養生〔M〕·天津：天津大學出版社，1988。

20. 馬孟昌·氣功養生五千年〔M〕·北京：華夏出版社，1994。

大展好書　好書大展
品嘗好書　冠群可期

大展好書　好書大展

品嘗好書·冠群可期